中华中医昆仑

柴松岩学术评传

张镜源◎主编

中国盲文出版社

图书在版编目（CIP）数据

柴松岩学术评传（大字版）/ 张镜源主编. —北京：中国盲文出版社，2015.12
（中华中医昆仑）
ISBN 978-7-5002-6847-5

Ⅰ. ①柴…　Ⅱ. ①张…　Ⅲ. ①柴松岩—评传
Ⅳ. ①K826.2

中国版本图书馆 CIP 数据核字（2015）第 316943 号

柴松岩学术评传

主　　编：张镜源
责任编辑：王丽丽
出版发行：中国盲文出版社
社　　址：北京市西城区太平街甲 6 号
邮政编码：100050
印　　刷：北京华联印刷有限公司
经　　销：新华书店
开　　本：700×1000　1/16
字　　数：42 千字
印　　张：6.75
版　　次：2015 年 12 月第 1 版　2015 年 12 月第 1 次印刷
书　　号：ISBN 978-7-5002-6847-5/K·452
定　　价：12.00 元
销售服务热线：（010）83190297　83190289　83190292

丛书编委会

前 言

中医药是中华民族的伟大创造，是世界医学宝库中的夺目瑰宝，数千年来为中华民族的繁衍昌盛作出了巨大的不可磨灭的贡献，至今仍是中国医药卫生事业不可分割的重要组成部分，在维护民族体魄康健、促进经济社会发展中发挥着不可替代的作用。

中医药学，是中华传统文化和科技文明的结晶，是勤劳聪慧的中华儿女在几千年生产生活实践中，在与疾病作斗争的过程中，创造的独具特色的医学科学体系。它有着浓郁的民族特色、深厚的文化底蕴和丰富的哲学内涵。经过一代又一代中医药传人、一辈又一辈名医大家的实践探索、薪火传承、总结完善、创新发展，逐步形成了系统的理论体系、独特的诊疗方法、丰富的医学内容、实用的制药技术。具有疗效确切、用药安全、应诊灵活、普适简廉和预防保健作用显著的巨大优势，在世界医学之林独树一帜，为人类的文明进步与医疗保健事业，已经并正在作出积极的贡献。

为了弘扬中华民族传统文化，彰显中医药学家的丰功伟绩，当代中医药发展研究中心与中国文学艺术界联合会、国家中医药管理局新闻办公室、中华中医药学会、中国中医科学院、北京中医药大学、世界中医药学会联合会等精诚合作，在国家中医药管理局的支持和指导下，为中华近现代百年来贡献卓著、深受敬仰的150位中医药学家，编撰出版了这部大型传记丛书。丛书采用评传体裁，记载他们的生平事迹、医术专长、学术思想、传承教育、医风医德、养生之道和突出贡献，使这些宝贵的医学成就和精神财富发扬光大，千古流芳。

丛书取名《中华中医昆仑》。昆仑山，被尊为“万山之祖”，柱西北而瞰东南，立中国而凭世界，凌驾乾坤，巍然屹立。以其高峻豪迈、绵延起伏的磅礴气势，寓意中华中医药学历史悠久、博大精深和永不衰竭；以其挺拔雄伟、高耸入云的恢弘气魄，彪炳一代中医药学家的丰功伟绩、杰出贡献和不朽勋业。

丛书入选传主，从全国范围推荐遴选，遍及中医药界各个领域。有临床家、理论家、药学家、教育家、医史文献学家；有名师亲授、世医家教、学派传人、院校毕业和自学成才者；有师徒并驾、父子齐名和伉俪联袂者。他们学术造诣深厚、诊疗技术精湛、临床经验丰富、学科地位崇高、科研成果丰硕、医风医德高尚、国内外影响较大，从医学理论到临床实践，为中医药事业的传承和发展作出了突出贡献，是近现代百年来中华中医药界的杰出代表。

从书的出版，对于弘扬中华文化，振兴中医药事业，造就中医药人才，普及中医药知识，具有重要的现实意义和深远的历史意义。这是一项开创性工作，填补了我国为著名中医药学家大规模撰写传记的空白；也是一项抢救性工作，因入选传主已仙逝过半，许多亲历、亲见、亲闻的史料日见散逸，将之收集整理、编撰成书，功垂后世、利国利民；更是一项承前启后的工作，总结传主经验，传承中医药伟业，继往开来，光耀世界医学之林。这部医文结合，富蕴历史性、学术性、文学性和实用性的鸿篇巨制，对医疗、卫生、科研、教育及全球关注中华中医药文化的各界人士，都有重要的参考和阅读价值。

从书的编撰出版，是一项巨大的中医药文

化建设工程，在策划、撰写、编辑、出版过程中，自始至终得到了国家有关领导、政府部门及社会各界人士的关心和支持。国家中医药管理局高度重视，并组织专家对全书进行终审；数百名专家、学者亲临指导，参与规划；有关省、市、自治区卫生厅、局、中医局（处）给予大力帮助；传主及其亲属、弟子热情支持、密切配合；撰稿人深情满怀、辛勤笔耕；编审专家尽心竭力、精工细琢；关爱中医药事业的企业家热心公益、慷慨资助；全体工作人员不辞辛劳、无私奉献，这一切使从书得以顺利出版。对此，我们深表谢意。

由于时间紧迫和资料搜集困难，加之水平有限，难免有疏误之处，敬请广大读者批评指正。

中华中医药学，历史悠久，源远流长，发端于远古，奔向于未来。百年对于历史，不过是短暂的瞬间；百人对于万众，不过是沧海一粟。然本丛书所记载的百年百人，则无疑是波澜壮阔的中医药发展史上辉煌的篇章和光芒闪烁的璀璨星辰。

张镜源

目录

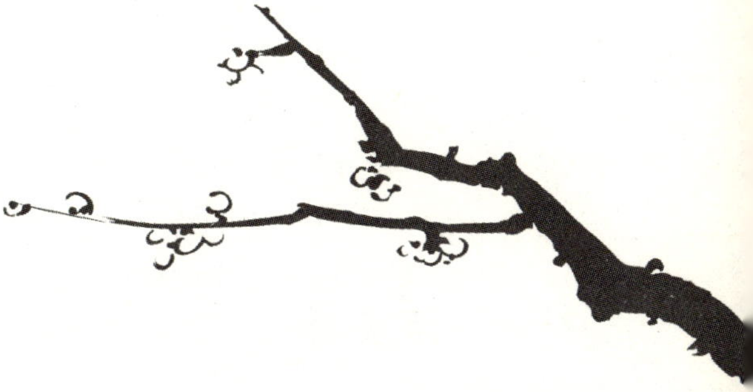

中医妇科学是永远学不完的科学。不断从个案中找到疾病发生、发展的演变规律，提高临床治疗能力，实乃吾辈岗位责任之需，社会责任之需，亦是总结和发扬中医妇科学之责任所需。

——柴松岩

柴松岩，出生于1929年10月15日，又名柴嵩岩，辽宁省辽阳市人，著名中医妇科临床家。1948年拜师于中医伤寒大家陈慎吾先生，学习中医经典及诊疗技术。1950年考取中医师资格，济世悬壶。1952～1957年考入全国首届中医药专门研究人员班，在北京医学院（现北京大学医学部）医疗系接受现代医学教育。

1957年毕业后分配至北京中医医院，从事医、教、研工作至今。现任北京中医医院妇科主任医师。1990年被认定为北京市名老中医，1993年被国务院认定为有杰出贡献的专家，享受国务院政府特殊津贴。1997年被人事部、卫生部、国家中医药管理局确定为全国老中医药专家学术经验继承工作指导老师。柴松岩曾任中华人民共和国卫生部药品审评委员会委员、北京市卫生局药品审评委员会委员、北京中医学会常务理事、北京中医学会妇科专业委员会主任委员、《北京中医》杂志编委会委员。

在近60年的职业生涯中，柴松岩以“心不如佛者，不可为医；术不如仙者，不可为医”为信条，精读古代医药典籍，勤修现代医学原理，理论联系实际，博采众家之长。在不断学习、实践、总结、提高的过程中，逐渐形成并创立了“肾之四最”、“二阳致病”、“补肺启肾”等独到的学术思想，充实、完善了现代中医妇科学理论。

柴松岩临证遵循中医学古训，尊重人与自然的关系，强调因人、因地、因时不同及个性化因素辨证。柴松岩擅治女性闭经病，治则以顺应周期、调养阴血为特点，注重调整气机与恢复气化功能。临证组方灵活、选药广泛、性味平和、药少力专，在现代中医妇科界别具一格。

20 世纪 90 年代后，柴松岩在坚持繁忙诊务的同时，尊重中医学自身传承规律，开始以“师带徒”这一传统的中医传承模式，将自己积累一生的学术思想及临床经验，直接传授给经过学院正规教育并具备一定实践经验的学生。20 年的不懈耕耘，相继已有十余位中医妇科学术思想及临床经验继承人学成结业。

如今，柴松岩已至耄耋之年，仍一周数诊不辍，为患者送去关爱。多年诊疗的坐姿早已使她的腰椎变形，问及是什么力量让她坚持到今天，柴松岩朴素地回答：“治病是我的乐趣。尽我所能，再为社会、为他人做一点事情吧。”

柴松岩一生钟爱凤凰。赞赏凤凰沉稳、宽

容、内敛而不事张扬的品格。她就像一只凤凰，数十年如一日，为广大的女性同胞忙碌在临床第一线，被人们赞誉为“杏林凤凰”。

青涩童年　历练自强品格

1929 年 10 月 15 日，柴松岩出生在辽宁省辽阳市一个普通人家。家境不富，但中国传统文化养成的敦厚家风，从小影响着柴松岩，慢慢形成其独立自强、乐善济贫的人生品格。

柴松岩回忆，7 岁那年，邻街一家着起大火，慌乱的邻居们站在门前，眼看火势蔓延，不知所措。柴松岩父亲赶到了，没有迟疑，顶着灼热的火焰和滚滚浓烟一头钻进屋里，救出了两个惊慌失措的孩子。见此状，街坊们纷纷跟着救火，把大火扑灭了。

父亲的举止，在幼年柴松岩的心底刻下烙印，她决意以父亲为榜样，一生做正直的好人。

1939年，柴松岩父亲去世。家中失去生活来源，母亲便带着柴松岩姐弟投奔沈阳外祖父家。母亲及柴松岩姐弟的到来，为本已八口之家的外祖父一家，平添了些许生活上的困扰。母亲很倔强，不愿成为别人的负担，平日除了要操持好一大家子的生活外，还兼做些缝缝补补、浆浆洗洗的活计补贴家用，整日劳作不休。

外祖父一家的关爱，使母亲及柴松岩姐弟的生活得到保障。不过回忆起当年寄居生活的日子，晚年的柴松岩平静之中亦有些许苦涩："我不记得当时母亲曾经抱怨过什么，只记得她常对我们说，流自己的汗，吃自己的饭"。渐渐地，母亲背弯了，牙掉了，眼花了，衰老了……这让幼年柴松岩开始了解母亲的内心。母亲对她们姐弟充满希望，盼她们快点长大，有能力主宰自己的生活。柴松岩慢慢地懂得自强，立志一定要通过自己的努力承担起奉养寡母和一家人的责任。

1942 年，柴松岩就读于沈阳第二女子中学。1944 年，又就读于辽宁省立师专教育科。柴松岩珍惜读书的机会，学好知识是她生活中最重要的事，她成绩优异，多次受到老师的表扬。大概因为自小生活磨难多，少年柴松岩在学校中多少会不自觉地表现出为有相似生活境遇的同学解囊相助的举止。柴松岩还记得，当时一位发小，家中姐弟亦多，常常吃不饱饭。柴松岩知道了，先是把自己带来的窝头、馒头分给朋友共享，后来干脆就从外祖父家拿来米、面接济给同学。一次，柴松岩正在厨房舀米，被经过的姨母撞个正着。不由解释，姨母严厉地惩罚了柴松岩。少年柴松岩不解，为什么自己的“仗义”之举，会受到大人的苛责？后来还是经母亲追问，柴松岩道出缘由，大人们方知她的委屈。姨母心酸落泪，对她说：“天底下还有很多善良的人，大家一起去帮助别人更有力量……”很难说儿时的这类事件，会对柴松岩在未来把治病当做手段去帮助他人的人生经历中产生了怎样的影响，“但的确，就在帮助别人给自己带来快乐的同时，我慢慢建立起要一生助人的道德信念与行为准则。家人的言传身教在我心中已无法抹去”。柴松岩后来说。

苦苦求学　奠定成才基石

回首人生之路，柴松岩常感怀于发生在自己青年时期的两个重要事件，感言："人生之路总有一些岔路口，命运的转折就从这些岔路口开始。"

事件之一：拜师伤寒大家陈慎吾。

1947 年，柴松岩就读学校的校长因贪污学生学费事发，柴松岩和老师、同学一起参与了反对校长腐败的学生运动，结果柴松岩被迫退学，并在当地求学不成。怀着要有出息就要读书的人生梦想，17 岁的柴松岩辞别母亲，孤身前往北平寻找新的生活。初到北平，柴松岩才发现自己在东北老家的想法有些盲目，没有一点经济来源，生活尚难举步，求学几近不能。当下生活的需求，迫使柴松岩必须考虑要用自己身上仅有的技能先在社会立足。这次，柴松岩当年在学校用功读书的功底帮助了她。几经周折之后，柴松岩找到了平生第一份工作，在当时北平的东单月河寺小学教“小四门”。“小四门”就是当时小学里书法、手工、音乐和体育这四门功课。这份教书的工作尽管收入微薄，但解决了一时温饱，柴松岩仍感到了欣慰。但之后又有一丝忧愁，读书才是梦想，柴松岩苦思，学什么、到哪儿去学呢？时间到了 1948 年，在偶然得知当时已颇具名气的中医伤寒大家陈慎吾先生创立“私立北平中医研究所”的消息后，经学校老师介绍，柴松岩和王嘉麟（现国家级名老中医，肛肠科专家）等人一起，拜师陈慎吾先生，开始学习中医理论与技能。这样，柴松岩辞去了教“小四门”的工作，进入到一个崭新的世界。

陈慎吾（1898—1972），著名中医临床家、教育家和伤寒学家，毕生致力于中医教育事业，培养学生千余人，遍布全国各地。

踏入这古老、神秘的中医学世界，柴松岩即刻充满了求知与探索的欲望。然而面对卷卷医书，此前既无从医经历、亦无丝毫中医学理论基础的柴松岩如遇堡垒。柴松岩后来这样描述当时的窘境：初读《黄帝内经》，先感“词简而义深，去古渐远，衍文错简”，然后便觉“茫若望洋，淡如嚼蜡”（元代朱丹溪《格致余论》语）。再读《伤寒论》，文义古奥，加上历代传抄讹误，顿觉方向迷失。但柴松岩并不急。她白天随师应诊，抄方抓药，有时还要为来诊来访者递烟泡茶。读书主要在早晨和晚上。早晨黎明即起，洗漱之后便捧起书本琅琅诵读。晚上挑灯夜读，直到眼皮打架方睡。陈慎吾先生的教学也很有方法，读《内经》、《伤寒论》经典之前，先将陈修园《医学三字经》作为初学者启蒙的第一本书拿来让学生读。《医学三字经·医学源流篇》开篇数语："医之始，本岐黄，灵枢作，素问详，越汉季，有南阳，六经辨，圣道彰，伤寒著，金匮藏，垂方法，立津梁……"即刻阐明《素问》、《灵枢》、《伤寒论》、《金匮要略》的相互关系，让柴松岩顿感中医学之源远流长。在以后不到一年的时间里，柴松岩读完了《医学三字经》，又读完了《药性赋》、《濒湖脉诀》，开始随陈慎吾先生学习《伤寒论》。陈慎吾先生常对学生们说："《伤寒论》是一篇大文章，前后有阶段性、连贯性，其条文安排可以自释其义，故在未经证误之前，当依照原文排列次序进行研究为是。若断章取义，则有失经旨，割裂篡改，尤非所宜。"陈慎吾先生主张，《伤寒论》包括各种急性热病及其变化的治疗法则。其以"伤寒论"命名，盖因伤寒传变最快，变证最多，治疗最难，善后调理等法比一般疾病完备，故举而为例，以概其余。学习

《伤寒论》，不仅要掌握其中之“法”，而且须结合《金匮要略》，二者合读，必有左右逢源之妙。为教会学生，陈慎吾先生由《伤寒论》讲起，给学生讲到《内经》，讲到《金匮要略》，再讲到《温病条辨》，将几个学科的理论有机相连。经典中难以领会之处，陈慎吾先生循循善诱，耐心诠释。陈慎吾先生告诉柴松岩，《伤寒论》的价值不仅仅在于《伤寒论》中的经方，更在于《伤寒论》中辨证论治的完整体系。

张仲景确立的辨证论治法则，揭示了证、方、药三者之间的关系，只有掌握了六经病脉证并治，临证才能得心应手而运用自如。《伤寒论》方剂不多，却个个组方严谨。用方必有“方证”，方证就是用方的证据，证据既包括了病机，又包括病机反映的外在证候。

陈慎吾先生以“按寸不及尺，握手不及足”为戒教导柴松岩实践仲景学说，强调“抓主症”、“保胃气”、“存津液”，要善用经方，古为今用，扩大经方的治病范畴。

陈慎吾先生的指引，为青年柴松岩迈进中医学这扇古老而神秘的大门打下了良好开端，奠定了柴松岩日后从事中医妇科临床工作的基础。有了这样的基础，当1964年陈慎吾先生汇集所有资料，准备锐意立说，编纂《伤寒论讲义》一书时，提携柴松岩与陈大启（陈慎吾之子，现国家级名老中医）、陈燕金（陈慎吾之女）及同门学友赵仲寿、付中立、藺友良、杨庆昶等人参与辑录，柴松岩参加了其中《伤寒论讲义·太阳篇（上）》的编写。《伤寒论讲义》一书因历史原因未在陈慎吾先生生前出版成为憾事。

2008年，经陈大启先生主持重新校对、整理，《伤寒论讲义》终于在陈慎吾先生诞辰110周年之际面世。

有了跟随陈慎吾先生的学习经历，1958年，柴松岩工作后又考入北京中医进修学校

（首都医科大学中医药学院前身）在职提高班，继续深入学习中医经典时，便不再懵懂与盲目。“那时，我开始对古典中医理论又有了新的认识与理解。这种认识与理解，是日后学术观点形成的理论渊源。”柴松岩回忆道。

跟随陈慎吾先生苦读中医经典的经历，亦成为柴松岩日后注重经典学习观念的渊源。在柴松岩看来：“开卷有益不错。然中医古籍浩如烟海，穷尽一生未必读尽。读书需要选择，需要方法。”柴松岩向学生传授读书的“三要”经验：读书一要，立足临床而学以致用。中医学是扎根临床的经验科学，检验真理最直接的方法就是看理论能否有效地指导临床实践。对中医基础理论而言，《内经》乃中医学说之溯源，《伤寒论》、《金匮要略》乃中医辨证论治之鼻祖与纲要，《温病条辨》发展了《伤寒论》、补充了六经辨证之不足，这些书理论与临床紧密相连，学可致用，首当推崇阅读。对于中医妇科学而言，清代萧埙的《女科经纶》是同类疾病不同病因的分析，明代张景岳的《景岳全书·妇人规》乃经验与理论的参照讲解，清代沈金鳌的《沈氏尊生书》密切结合临床，现代焦树德主编的《中药大全》对中药作用分析全面并结合现代医学实验，中医妇科医师均应广泛阅读。读书二要，以经典为根而容纳百家。中医古籍众多，学说百家，如何认识不同流派的观点及相互关系，便要以经典为纲，为立说之本，以后世各家学说为补充、延续与发展。要先读《内经》、《伤寒论》、《金匮要略》等鼻祖之作，而后不同学科选读相关的各家学说。中医妇科临床医师应选读清代沈金鳌之《女科玉尺》、清代傅山之《傅青主女科》、《傅青主男科》等书，更有的放矢。读书三要，专于医道而博于文道。中医学与中国传统文化思想一脉相承，学好中医，必要广泛涉猎中国文学、历史，多读古代文学名著如《古文观止》、《孙子兵法》等，亦应注重现代期刊杂志、报纸、文学作品的学习。文化阅历的积累，传统意识的丰富，可起到启迪辩证思维之用。

1950年柴松岩正式考取了中医师资格。柴松岩还清楚地记得，那年北京市举行的中医师考试，陈慎吾先生两所中医学校学员30余人报考，被录取者达23人之多，可见陈慎吾先生教学之精，学生学习之用心。从此以后，柴松岩便可以独立行医，悬壶于世。

事件之二：考入全国首届中医药专门研究人员班。

1952年，与众多初出茅庐者一样，在接受过传统中医理论培训，又有将近四年临床实践经历之后，逐渐进入职业角色的柴松岩充满了在医学理论与技术水平上飞跃的期待。不知不觉，机遇来临了。听到国家将开办全国中医药专门研究人员班的消息后，柴松岩报了名。经过一番努力，这年7月，23岁的柴松岩考入全国首届中医药专门研究人员班。柴松岩的人生、事业再启新的篇章。

全国首届中医药专门研究人员班，是中华人民共和国成立以后，由中央政府主持开办的唯一一届中医研究班。它的开办，有着特定的政策背景及历史背景。中华人民共和国成立后，为了振兴传统中医药事业，中央制定了新的“中医政策”，确定开办全国首届中医药专门研究人员班，卫生部负责具体实施招生计划。

1952 年 3 月，全国各地区卫生部门代中央卫生部登报招考。凡思想进步，已获得中医师证书，并具有七年中医学习与工作经验，年龄 33 岁以下者，经审核与考试合格，由卫生部发出录取通知。

1952 年 6 月 14 日，卫生部公布全国中医药专门研究人员班的录取名单，共计招生 43 名。

首届中医药专门研究人员班修业年限为五

年。1952 年 7 月中旬，学员从各地至卫生部报到，随即在北京南兵马司住处集中学习，并由北京师范大学刘世知教授授课，提高学员的理化知识基础。1952 年 9 月，由卫生部安排，学员进入北京医学院（现北京大学医学部前身）学习。第一年为预科，单独设班，在北京大学理学院学习基础理论；第二三年转入北京医学院医疗系，与普通学生、少数民族学生组合成班，逐年完成医疗系相关课程；第四年除部分学员转入北京医学院儿科系，其余仍在医疗系继续学习；第五年临床实习。至 1957 年 9 月，中医药专门研究人员班学员中坚持完成五年学业且成绩优良者 38 人学成毕业，由卫生部统一分配从事中医药临床和学术研究工作。毕业者获北京医学院医疗系本科毕业证书，成为我国首批获得精中通西双重学历的新一代高级优秀中医人才。

当年国家开办全国首届中医药专门研究人

员班，创办者颇具前瞻性战略眼光。此举对已经继承了传统中医理论与技术的学习者，施以现代医学技术的深造，开创了将古老、传统的中医学与现代科学理论、技术接轨的新的中医学发展理念，为今天中医药事业的繁荣，撒下了成长的种子。50余年后的跟踪调查表明，全国首届中医药专门研究人员班业绩斐然。当年研究班毕业的38名学员（排名不分先后）施奠邦、唐由之、费开扬、方药中、陆广莘、阎润茗、张作舟、傅东藩、尚尔寿、张世杰、柴松岩、刘铁峰、傅德逵、王羲明、刘崇晏、黄吉赓、程家正、吴翰香、夏涵、汤颂延、曹余德、李应昌、袁正刚、诸方受、徐景藩、张济群、滕捷、郭仲柯、何久仁、田令群、谭榕伯、赵成春、袁超凡、岑鹤龄、孔昭淦、李青、谢权基、李健中，多数已成为中医药事业的中流砥柱、令人景仰的医学大家。

在中医药专门研究人员班的学习经历，不

仅让柴松岩收获了学业的硕果，也收获了爱情。中医药专门研究人员班上的另一位学员，后来亦成为我国著名中医儿科专家的张世杰，在与柴松岩走过相识、相知、相爱历程后，结为连理。以后，这对中医伉俪生活、事业相辅相成、比翼齐飞，为中医学事业的发展作出了卓越贡献。遗憾的是，张世杰先生已于1988年因病逝世。

“当年在中医药专门研究人员班的学习经历并不轻松。”柴松岩后来回忆。平生读惯《内经》、《伤寒论》等中医经典，看病全赖望、闻、问、切的学员们，面对陌生的数、理、化知识，面对几乎从未接触过的解剖学、手术学，颇感手足无措。“还记得当时的一个笑话”，柴松岩又追记起读预科时的一段经历。原来，在一堂数学课上，老师正讲解“角度”、“弧度”。在学员们个个犹如云里雾里之时，只听一位同学私语：“我们是四十三个弧度（糊涂）。”一语道罢，老师、同学皆哄然。颇为自嘲的总结，看似黑色幽默，却准确地道出了当时学员们在面对现代知识的汪洋大海时，那种奋力却又无助的心境。“这些知识对于现在的学生来说很容易理解，在那个年代对于我们实在很难。那时考试很严格，补考不及格就面临淘汰。我在班里不是高材生，但我跟上了。”柴松岩回忆道，“我不是高材生”，柴松岩这样清醒地表达着自己，“我知道，抱怨与放弃不会给我带来任何价值”。柴松岩坦言当年面对困境的内心。面对现代科学知识的海洋，柴松岩如饥似渴。每当晨曦初露之时，仿佛古人之闻鸡起舞，总见到柴松岩在校园一角举书诵读；更阑人静之际，又如古人之凿壁偷光，柴松岩在走廊之隅抱书无眠。工夫没有白费，柴松岩通过了第一年预科班文化课的考核。

专业课的学习道路亦非一帆风顺。20 世纪 50 年代的北京医学院，汇集了像吴阶平、王光超、李家忠、严仁英这样的医学前辈。当时吴阶平先生是柴松岩的班主任。跟随吴阶平先生学习专业课的一次经历，令柴松岩至今难忘。那是一次手术考核。刚刚进入手术室的柴松岩，慌乱之中违反了手术消毒规范。按规定，柴松岩应立即离开手术室，被取消考试成绩。吴阶平看出学生的忙乱仅仅出于紧张，让柴松岩稍事平静，重新再来。老师的举动令柴松岩片刻间镇定下来，再次开始了操作。事后，吴阶平与柴松岩交谈时，以长者的身份向柴松岩传授了缓解手术紧张压力的经验，并语重心长地告诫柴松岩遵守手术消毒规范对于生命的重要性。“这件事让我深思”，柴松岩回忆说，“我似乎从中看到，什么样的医生应该是我今后要做的医生”，“一个合格医生的所作所为，需要严谨、认真，不能有半点马虎”。

全国首届中医药专门研究人员班的学习经历，在柴松岩的成长道路上意义非凡。五年现代医学的科学训练，开拓了柴松岩的医学视野，为柴松岩日后成长为现代中医妇科名家，奠定了深厚的现代医学理论基础。“古老的中医学亦需要发展”。柴松岩再次对未来的职业生涯充满希望，一旦传统的中医学与现代医学相结合，将迎来何等不同的前景。

勤奋实践　积淀杏林财富

1957年10月，柴松岩进入北京中医医院工作。回首从医之路，柴松岩常说："中医学是一门临床应用学科，提高只有经过理论与实践的循环反复，没有捷径。"幸运的是，柴松岩的学医之路是相对全面的，既经历了众多中医大师成长经历中拜师学艺、苦读经典、院校教育等成长过程，亦经历了反复临床实践的基本历程。

晚年时，柴松岩常以明代徐渭名联"读不如行，使废读将何以行；蹶方长智，然屡蹶讵云能智"警示学生。在她看来，用在医学的学习，这副对联恰如其分地揭示了经典学习与临床实践两者间的辩证关系。柴松岩如此释联："读"之目的在于"行"。"行"而不"读"，将无以"行"。"行"遇"蹶"或可"智"，然"蹶"而不再"读"，难常"智"。正如古训"初学三年，天下通行，再学三年，寸步难行"。柴松岩感悟："读"而"行"，"行"遇"蹶"，"蹶"愈"读"，"读"再"行"，周而复始，毅力用尽，始能成功。柴松岩进一步发挥："行"而遇"蹶"愈"读"则"智"。但"蹶"愈"读"而"思"得大"智"，则是读书的更高境界。"蹶"愈"读"可佳，然不"思"，则"行"亦终将无果。

正所谓"学而不思则罔，思而不学则殆"（《论语·为政》）。客观地说，只有今天的柴松岩，穷一生"读书—实践—再读书—再实践"经历的不断反复，遭遇过挫折，方有现在对明代徐渭名联中"读"、"行"、"蹶"、"智"关系的清晰领悟。但年轻的柴松岩，确是抱着这样的信念与信条，开始了她在北京中医医院的医学实践活动，并一干就是50多年。

审因辨证，治愈产后发热。

1958年3月某日，柴松岩参加支农医疗队，正在北京市房山县交道镇卫生所忙于诊务。忽见一行八人小心翼翼地抬一笸箩急促而来。笸箩中之妇人面色苍白无华，神疲懒言，四肢无力，动则气促。众来者纷言：此妇人两月前产第六胎后，第三天起高热持续，体温38℃以上，子宫逐渐增大，小腹疼痛拒按。曾往当地医院治疗，认为产后体弱，以补血养血之法治疗数日，然症状未减反而加重。现产后两月余，仍高热不止，腹部胀大如妊娠五月，面色白，体乏虚弱。观舌、脉，舌苔黄薄，脉数无力。柴松岩细问生产过程，该妇人是在自家土炕上自行接生。柴松岩即刻诊断：患者产后高热不退，子宫逐渐胀大，小腹疼痛拒按，可判定起因于产时所用器具、衣物不洁，接受外源性感染所致，是为产褥感染，证属中医“产后发热”。柴松岩辨证：此证总因于感染邪毒，直中胞宫，与瘀血互结所致。一则产时血室正开，胞脉空虚，感染毒邪，直犯胞宫，正邪交争急剧，故见高热；邪毒稽留体内日久，故见热势不退；邪毒入胞，与瘀血互结，阻滞胞脉，故见小腹拒按疼痛；舌苔黄薄、脉数无力，为邪毒感染内热，正气已虚之象。二则因产耗伤气血，正气虚衰，气虚清阳不升则见面色苍白，中阳不振则见神疲懒言、四肢无力。患者病后以补血养血法治疗未果，是按一般规律，仅考虑了产后“多虚多瘀”的一面，而忽视了产时不洁的病因导致毒邪感染之病理机制存在。柴松岩以产后气虚，夹毒胞宫辨证，调整治则，治以益气清热，解毒化瘀。拟处方：黄芪 15g，野菊花 20g，当归 10g，益母草 10g，香附 10g，连翘 10g，紫花地丁 10g，延胡索 10g，三七粉 3g。3 副，水煎服。此方药用野菊花、连翘、紫花地丁清热解毒，消肿散结；以当归、延胡索、香附、益母草、三七粉活血化瘀，以黄芪益气固表，行补气升阳、补气摄血、补气行滞之效，并温里散寒，托毒生肌。患者诊后即于上午服药，至傍晚时分，忽见阴道脓流不止如水泻。脓退，子宫明显缩小，腹部痛感立减，热退，精神好转，可自行坐起。再服药数剂，数日后高热全退，腹部疼痛不再，体力恢复，病痊愈。50余年后柴松岩向学生讲述此案时坦言："虽是成功之案，当时抑或多有初生牛犊之勇，仅是'读'后而'行'之所为。"

细心求证，治愈羊水过多。

1969年6月，一孕5周全身浮肿者寻至柴松岩处求治。这病案的医治过程，则是柴松岩遇"蹶"愈"读"，"读"而再"行"的辨证思辨过程的体现。一般情况下，正常怀孕后的女性在妊娠晚期出现下肢轻度浮肿，属正常生理现象，只需适当休息，症状便可自行缓解，不做病论。然现患者孕早期即见浮肿则临床少见。详细询问患者病史后端倪初现。患者婚后曾孕4胎，第一胎孕至六七月，腹部膨隆似妊娠足月，周身浮肿，呼吸困难，不能平卧。往某医院就诊，诊断羊水过多。至足月产一无脑女婴，产时羊水量多达约20000ml。以后又连孕3胎，均于孕五六月腹大异常，诊断为羊水过多，经B超检查提示均孕无脑女婴，引产。现孕第五胎至孕5周，某妇产医院据其孕产史建议中止妊娠。然患者求子心切，急盼通过中医药调理后产健康婴儿。患者面色萎黄，全身浮肿，情绪不佳。舌肥大而厚，有重度齿痕，苔白腻。脉细滑无力。柴松岩坦言：“初见此案，确有无措之感。”正常妊娠时羊水量随孕周增加而增多，最后2～4周开始逐渐减少，妊娠足月时羊水量约为1000ml（800～1200ml）。凡在妊娠期内羊水量超过2000ml者，则为羊水过多。本案患者连续4胎羊水过多并曾高达20000ml，实属罕见。“行”而遇“蹶”“读”则“智”，柴松岩翻阅古籍，追溯古人之相关病机论述。宋代陈自明《妇人大全良方》云：“……凡妊娠，经血壅闭以养胎，若忽然虚肿，乃胎中夹水，水血相搏。脾胃恶湿，主身之肌肉，湿渍气弱，则肌肉虚；水气流溢，故令身肿满也。然其由有自，或因泄泻下痢，脏腑虚滑，耗损脾胃；或因寒热疟疾烦渴，引饮太过，湿渍脾胃，皆能使头面或手足浮肿也。然水渍于胞，儿未成形，则胎多损坏。”宋代齐仲甫《女科百问》云：“妊娠以经血养胎，或夹水气，水血相抟，以致体肿，皆由脾胃虚，而脏腑之间宿有停水所夹，谓之子满。若水停不去，浸渍其胎，则令胎坏。”柴松岩阅后总结：古人上述之论述，较明确地指出了妊娠后胎水多责于脾失运化，水湿内停的病机，并指出子满一证之不良预后。清代萧埙《女科经纶》“妊娠腹水属胞中蓄水”一节载宋代陈自明论述与方药：“妇人胎孕至五六个月，腹大异常，胸腹胀满，手足面目浮肿，气逆不安，此由胞中蓄水，名曰胎水……用千金鲤鱼汤治其水。”同时载明代医家周之干治则：子满“有水血相抟，有停水受湿，有经血壅闭，有清浊不分，总因脾土虚，不能制水所致。故立斋治法，不外健脾渗湿，顺气安胎为主”。柴松岩从中找到古人对子满一证的具体治则与方药。古人利水除之法，有唐代孙思邈《备急千金要方》之鲤鱼汤（鲤鱼、白术、白芍、当归、茯苓、生姜），有清代吴谦《医宗金鉴》之茯苓导水汤（茯苓、槟榔、猪苓、砂仁、木香、陈皮、泽泻、白术、木瓜、大腹皮、桑白皮、紫苏叶）。

经“行”而遇“蹶”，“蹶”而“读”的思辨，柴松岩有所悟。观患者现病史、证候、舌脉，柴松岩辨证：患者此前连续 4 胎均孕至六七月，羊水过多，可责之为平素脾虚，运化不利，土不制水，水停胞中，水渍胎元。现患者孕第5胎，孕5周，周身浮肿，证属中医子肿，亦责因于脾虚所致水湿内停，泛滥肌肤。再者，此前屡孕未果，多次引产，肾气损伤，再孕后经血下聚养胎，有碍肾阳敷布，不能化气行水，且肾为胃之关，肾阳不布，关门不利，膀胱气化失司，水聚而从其类，泛溢而成水肿。脾虚运化不利，气血乏源，不能上荣，故见面色萎黄。多次妊娠不良史，求子心切，必致身心焦虑不安。舌肥厚有齿痕，苔白腻，脉细滑无力亦为脾肾不足之征。辨证为脾肾不足，水湿内停，治以健脾补肾，利湿消肿，佐以养胎。柴松岩初以五皮饮(《中藏经》) 加味治之：陈皮、茯苓皮、桑白皮、大腹皮、生姜皮各15g，川续断20g，菟丝子20g，桑寄生30g。7副，水煎服。五皮饮为治皮水之经方，古人用治头面四肢水肿，小便不利，心腹胀满，上气喘促，以及妊娠水肿诸症。全方药物皆用皮，寓以皮走皮之意，方中以茯苓皮淡渗利水健脾，以陈皮理气化湿和中，两药相配，使气行湿化，土能制水，共为君药；桑白皮、大腹皮、生姜皮俱为辅佐药。桑白皮甘寒，泻肺降气，行水消肿，使肺气清肃，水自下趋；大腹皮辛微温，下气利水；生姜皮辛凉，利湿消肿。全方行气与利水并用，使气行则水行，共奏利湿消肿，理气健脾之效。而现代药理研究结果亦证明以五皮饮利水之科学性：茯苓皮有较好的利尿作用；桑白皮水煎剂既能利尿又可降血压；生姜皮、陈皮、大腹皮能促进消化液分泌增加食欲，有助于营养物质的吸收；生姜皮、大腹皮有促进发汗作用，利于水湿的排泄。针对患者曾多次引产之病史，考虑必然损伤肾气，而致肾气不足，首诊方加味川续断、菟丝子、桑寄生，用以配合健脾利湿之法，补肾固冲安胎，治病与安胎并举。

患者服首诊方至孕 12 周时疗效初现，浮肿消退明显，B 超检查提示胎儿发育正常。现舌胖、苔白，脉细滑。患者素体脾虚，存在既往4胎均孕至六七月羊水过多病史，此次受孕早期至今数发浮肿，舌胖，提示水湿内停病机顽固，须警惕随妊娠进程，羊水可能再次过多。首诊以五皮饮投石问路，治水有效，但药量较轻，所治之水证亦轻。以后治疗可适时更方，并酌加药量，加大利水去湿之力。柴松岩二诊改方：冬瓜皮30g，茯苓皮30g，川贝母10g，百合10g，桔梗10g，菟丝子15g，合欢皮10g，白术10g，桑白皮10g，猪苓6g，泽泻10g。7副，水煎服。二诊方重用茯苓皮30g为君，行皮肤之水而不耗气。以冬瓜皮、白术、猪苓、泽泻为臣，辅助君药健脾利水渗湿，达清热养阴之功。茯苓、泽泻、猪苓3味，均以渗水利湿、利尿消肿为长，自古以来常两两相须为用或三者同用。今柴松岩二诊方以茯苓取皮用之，着重其走表，长于利肌表之水肿之效，如明代李时珍《本草纲目》曰：茯苓皮“主水肿肤胀，开水道，开腠理”。清代汪绂《医林纂要》曰：其“行皮肤之水”。同时，二诊方以桔梗、川贝母、桑白皮、合欢皮、百合、菟丝子为佐，桔梗、川贝母、桑白皮、百合均入肺经，调理气机，通过肺之宣发肃降，使水从气化，泻肺行水；菟丝子平补肝肾，固冲安胎，补而不腻，补而不燥。

以后患者一周一诊，治疗皆以此方为用而药量酌变。随治疗，患者周身浮肿渐退，终无羊水异常增多再现。当时B超检查手段尚未普及，监测羊水量变化之手段亦“简陋”，仅能以测量患者体重、腰围增加多少与孕周相符为法。如见体重、腰围短期异常增长过快，不符孕周规律，浮肿呈较前加重趋势，则上方酌加茯苓皮用量增加去湿之力；如见体重、腰围增加适量，与孕周相符，则不变或酌减茯苓皮用量。方法虽简陋，亦有效、方便。整个治疗过程，茯苓皮少则用至30g，多则用至50g。至孕6

月，患者已全无周身浮肿症状，羊水量正常，腹壁检查可触及胎儿头部，右枕前位。最终，患者十月怀胎成功，顺产一健康女婴。

在20世纪60年代末时，柴松岩已经开始结合自己对疾病的认证，去探索对古人经方的灵活运用。技艺成熟以后的柴松岩逐渐形成极具鲜明个性的用药体系，正是柴松岩不断深入理解经典、不断临床实践二者结合的必然结果。

从舌苔上的秘密找到巨乳症治疗方法。

1978年6月，患者张某至柴松岩处就诊。患者孕两月后因突然气恼、大怒，随即乳房迅速胀大，渐至无法穿衣，不能卧，转侧难忍。现孕三月，乳房周径48cm，重纹，经诊断确认为妊娠合并巨乳症。巨乳症又称乳房肥大、大乳房或巨乳房，指女性乳房过度发育，含腺体及脂肪结缔组织过度增生，体积超常，与躯体明显失调。妊娠合并巨乳症者，其乳腺往往对雌激素异常敏感，故而出现异常增生现象。巨乳症属疑难怪症，中医古籍文献中并无此病的明确记载，依其症状表现，当属“怪症”范畴。古人有“怪病多痰”，“顽痰生怪病”等说，而女性乳房过度增生肥大，似属痰湿壅斥乳络所致。手术是治疗巨乳症的主要方法，然亦需视患者个体情况及整形外科医生对诸种方法的精通与灵活运用，方可有良效。又因乳房整形手术后患者可能出现的诸多并发症，对手术预后期望值不高。本案患者现正处妊娠期，保胎、生育乃当前要务，虽乳房胀大明显，但手术时机不适宜。

初遇罕见之症，柴松岩即与众专家探讨，均无良策。柴松岩端详舌象良久，见舌苔白、光润，而于舌根中心处有一微小舌苔剥脱，似有启发。此前，柴松岩曾经治闭经一例。该患者因其他病情用 40mg 黄体酮连续治疗两月后导致了闭经。当时西医诊断为因黄体酮过剩致内膜增厚而闭经，后经泻肾火、活血解郁之法治疗，使月经复来潮。该患者当时舌象与本案患者现舌象有相似之处。好像发现了秘密，柴松岩感到兴奋，推断本案巨乳之症，似与患者妊娠后激素分泌过剩有关，治疗可从疏肝解郁、清下焦火着手。

柴松岩分析本案：患者出现巨乳，缘于孕期大怒。孕期生气，肝气郁结，肝郁化火，木克脾土，脾虚运化不利，痰湿内停，湿浊壅塞乳络，乳络不通，郁而增大，故见巨乳。观患者舌象，舌苔白、光润，仅舌根中心处有一微小舌苔剥脱，提示有肾阴不足，阴虚内热之象。脉细弦滑亦属肝郁肾虚之征。本案可辨证为肝郁湿阻，肾虚内热，治以解郁利湿，养阴泻火之法。柴松岩拟治疗处方：旋覆花 10g，柴胡 5g，白芍 10g，墨旱莲 15g，熟地黄 10g，泽泻 10g，莲子心 3g，川贝母 10g，金银花 10g，北沙参 20g，桔梗 10g，菟丝子 20g。7 副，水煎服。方中以柴胡为君，疏肝解郁。以白芍、墨旱莲、熟地、菟丝子、北沙参为臣，补肝肾，养阴血。以旋覆花、泽泻、莲子心、川贝母、金银花、桔梗为佐，旋覆花行水消痰；泽泻泻肾火，去湿热；莲子心、金银花清解心胃之火；川贝母、桔梗调理气机，化气行水。诸药配伍，行疏肝养阴，去湿泻火之效。药后仅数日，即见患者乳房缩小，可卧。再服数剂，乳房明显缩小，坐卧自如，病愈。1年后随访，患者足月顺产一健康男婴。患者产后乳汁不多，乳房大小如常，只因曾经胀大，已松弛的肌肤，再无法自然恢复。恰在同期，国内有文献报道，上海某医院以两次分期手术治疗巨乳症成功。同治巨乳之症，疗法各异，优势各具。

柴松岩从患者舌象上的蛛丝马迹，按图索骥，发现病因，找到疾病的治疗方法，是“蹶”愈“读”而“思”，“思”后再“行”的结果。

厚积薄发　成就彰显学界

柴松岩进入北京中医医院，正值北京中医医院建院不久，院内集萃了如刘奉五、祁振华、姚正平、卢冶臣等当时北京城内诸多名医。他们不时将积累的医学心得无私向柴松岩传授。姚正平曾亲手递给柴松岩一张纸，纸上字迹满满，记录着姚老从医几十年来治疗肾病的秘方。借用姚老秘方，柴松岩以后治愈了多位肾病重症患者。“我是站在巨人的肩膀上走过来的”。柴松岩后来回忆时说。老一代名师提携后辈，让柴松岩慢慢参悟出一个普通“医匠”与一个真正“医学大家”的区别。

柴松岩喜欢一句古语：“笃癃衰废迎医匠”

(西汉史游《急就篇》卷四)。柴松岩后来曾向学生解释:“笃”即病笃,是病势沉重之态;“癃”与“衰废”分别指肢体残疾、足不能行之人,及衰老病弱者;而“医匠”,则是“疗病之工也”(唐代颜师古语)。后人将此语理解为“笃癃衰废”都需要医匠的救治,无错,却有浅显之偏颇。柴松岩认为,从治病救人角度出发,医者遵习古训,秉承经验,为患者医好病,已堪不辱使命,是好“医匠”,但只是合格技术人才的境界,能满足乎?治病以外,尚能在临床中发现问题、研究问题、解决问题,终形成理论与建树,则是医学大家的更高境界。社会需要好医匠,更需要医学大家。“要当医学大家”。在这种意识引领下,柴松岩开始不满足于“知其然”,务必“知其所以然”。不知不觉,至20世纪80年代初期,柴松岩临床积累渐丰,撰写的医学心得,陆续发表于国内期刊。柴松岩中医妇科学术思想体系始见端倪。

1979年1月，柴松岩在《山西医药》杂志发表《对闭经病的治疗体会》一文，提出对闭经病病机的见解及辨证分型治则。柴松岩认为，闭经的发病机制，不外阴阳的偏盛、偏衰和气血失调引起的虚证血枯和实证血隔两种类型。枯者乃冲任内竭血极虚之阴竭引发的血海枯干或不足，常见有阴虚和阳虚两类；隔者乃有余之实邪隔滞为病，非血海无血，系由污血凝滞胞门而成，如因寒、因气、因积、因逆等原因引起的血实气滞性闭经。对闭经病的辨证施治，因邪气隔滞者可通，而血海亏损者血既枯而复通之，则致枯者愈枯。

1979年1月，柴松岩在《新医药学》杂志发表《临床治疗面部黄褐斑247例的体会》一文，对采用“柿叶去斑膏”治疗女性面部黄褐斑的疗效及经验进行总结。以柿叶用于治疗面部色斑为柴松岩等人首创，古人医书中未见类似记载。从1974年开始，柴松岩等人先后采用单味柿叶研粉配制成的凡士林软膏（色泽较深），或从柿叶水煎液中提取有效成分再配制成乳膏制剂（色泽明显变浅），涂于有黄褐斑患者的面部，治疗247例，临床效果满意。因柿叶去斑膏取材方便，制作简易，疗效明显，该方至今仍在民间广泛流传。

1979年6月，柴松岩在《辽宁中医》杂志发表《对妇女生殖器炎症的治疗体会》一文，通过数例女性生殖器疑难病症——顽固性阴道溃疡、宫腔积脓、输卵管积脓、结核性盆腔肿块治验，谈女性生殖器炎症的辨证及用药体会。

1980年12月，柴松岩在《北京医学》杂志发表《羊水过多症四例治验》一文提出：羊水亦受脾之运化功能调节。脾运不健，湿邪停留，或因水湿留滞致脾气不运，乃致水湿之邪留滞不化成病。采用健脾利湿去胎水，佐补肾之法，对消羊水有成效。

1981年1月，柴松岩在《辽宁中医》杂志发表《从几例治验谈临床辨证体会》一文，以三个疑难病案——外阴象皮肿、输尿管结石、急性羊水过多为例，提出自己对中医辨证的认识：中医辨证要体现中医学整体观念，亦需着重理解“证”的意义。证候仅是疾病的外在表现，发于不同病机，临证需从认识病变的部位、性质和疾病的发展趋势着手，考虑季节、地域、个人体质等特点，制定相应的治疗法则，而非简单套用经方、成方。

1982年4月，柴松岩在《辽宁中医》杂志发表《产后病治验六例》一文，阐述一系列产后病治疗心悟。

柴松岩认为，产后恶露不禁，证属产后气虚血瘀者，治宜益气化瘀，养血止血。可药用生黄芪益气，当归、阿胶滋阴止血和血，焦三仙、茜草、益母草、延胡索、牛膝理气活血，止痛去瘀。

产后持续高热，证属产后瘀血留滞经络发

热者，治宜清热养血，通结化瘀。药用当归、牡丹皮、红花、泽兰、板蓝根、金银花、栀子、地骨皮、沙参、熟大黄调理。

产后失眠，证属产后阴亏，心肾不交，肝虚血燥者，治宜益阴清热，交通心肾，平肝热。药用百合、桔梗养心宣提肺气；生牡蛎、炒酸枣仁、首乌藤、黄连、莲子心、白芍等养心益肝，宁心清热；枳壳去胃中湿热；羚羊粉益气启阴，入肝定惊清肝火，使肾水得滋，上交于心，肝火得清阴复而病愈。

产后足跟痛，证属产后气血不足，经脉失养者，治宜补气养血，温经补肾。药用生黄芪、沙参、当归、首乌藤、桑寄生、川续断、陈皮、菟丝子、生麦芽调理。

产后乳汁不足，证属产后气血亏损，药用生黄芪、通草、全瓜蒌、当归、党参、茯苓、丝瓜络、赤芍调理。

产后乳汁过多，证属气血充实者，治以活

血软坚，固涩回乳。药用生牡蛎软坚固涩以减少乳汁分泌；益母草、丹参活血化瘀；重用牛膝使血下行，以减其化乳之力；倍用焦麦芽可增强其回乳之功。

以上医学观点种种，涉及妇科多类常见病、疑难病，因经验从实践中来，观点卓尔不群，蔚为新风。

1982 年 3 月，柴松岩受卫生部派遣，与诸名老中医吉良晨、王玉章等人一起，代表国家赴日本讲学。当时代表团足迹遍及东京、名古屋、横滨、大阪等 6 个城市，所到之处，轰动一方。更有听者一路跟随代表团足迹，多次聆听。这次讲学，柴松岩以“中医学对闭经的辨证治疗”为题，由明代张景岳“经本阴血何脏无之”及明代易思兰“肾生最先，肾足最迟，肾衰最早”之观点展开，系统而全面地提出了自己对女性生理的认识观点，并提出了具有柴氏风格的女性疾病（与女性生理相关的疾病）

证治原则，即针对女性不同生命进程时期之肾气特点，对不同年龄阶段的女性疾病采用相应治则。柴松岩此次讲学的部分观点，经以后完善、发展，最终成为“肾生最先，肾足最迟，肾衰最早，肾最需护”之“肾之四最”的完整学术思想体系。

谈到女性月经病、不孕不育之病理现象，柴松岩认为，凡女人之症（与女性生理相关的疾病），皆不能离开女人之经血问题。明代张景岳《景岳全书》“经本阴血何脏无之”简短数字，后世又注释甚少，如何理解？柴松岩阐述，“经本阴血”指出女性月经生理之关键——月经之本源为阴血所生。“何脏无之”非言无论脏腑皆可有月经产生，而是说阴血每一脏腑都有。阴血濡养五脏。阴血充盛、五脏调和，生命才能维持正常，女性生理才能维持正常。“经本阴血何脏无之”，是中医学对本源与机体内环境整体观念的表达。如《素问·咳论》有“五脏六腑，皆令人咳”说，柴松岩提出：“五脏六腑皆可令女人致月经病”。

柴松岩阐述女性月经生理：人禀受于父母之精，生命即开始形成。以后胚胎在母体里发育、人出生之后孩提之时，心、肝、脾、肺、肾各脏腑都已经在发挥各自的生理功能，而独无月经出现。《素问·上古天真论》云“女子七岁……齿更发长”，《沈氏女科辑要》之描述“孩提能悲能喜，能怒能思，而绝无欲念”，这样的现象提示，女性性征之发育，是隐在而逐渐形成的，月经的产生需要条件。

（一）冲脉充盛为月经之本，冲脉无所继则无所溢。冲脉起于胞中，为十二经脉之血海。冲为血海之说，表明冲脉之浩大。五脏六腑有余之血灌注于冲脉，脏腑功能调和，精血旺盛，则冲脉充盛。月经之血来于冲脉，冲脉不充，月经不来；若经后空虚之冲脉不再得到五脏六腑有余之血之补充，则继发闭经。而冲脉为阴，处于相对静止状态，有余之血注于冲脉泻下，需要动力之“鼓动”。柴松岩用“杯中之水”的比喻描述“月事以时下”的生理过程：一只水杯，水逐渐添入，杯满水倒出，水继续添入杯中，再是一杯满水，水再可倒出。水再添入、再倒出……周而复始。这里，柴松岩以水杯喻冲脉（血海），以杯中之水喻五脏六腑有余之血，以杯中水位之高低喻阴血充实之程度，杯中之水由渐满、满而后倒出之过程，就犹如女人月经满溢、泻下之过程。显然，血海充盈，血海有继，如同杯中之水不断被补充、添入，达到一定水位，是维持女性月经生理正常之关键。所谓“月事以时下”，并不简单是一次或数次月经按期来潮，一定需要保持有规律的、持续不断的阴血充入血海，如杯中之满水可以一次、再次被倒出。阴血不足，杯中即便有水，难满溢而泻下，或泻下不正常，即出现月经病。

（二）肾气盛，地道通。水从杯中倒出之

刻，需要动力，没有动力水不会自动流出。对于女性月经而言，泻下之动力便是肾气旺盛。肾气属阳，阳气有动，伺“天癸至，任脉通，太冲脉盛”之条件成熟，月事以时下。柴松岩认为，从生理规律上看，主管性征的肾气，在女子不同年龄段是有区别的。肾为先天之本，禀受于父母之精，在胚胎形成之前即已存在，待人出生之后又得后天水谷之精充养方逐渐成熟，此乃“肾生最先”；主管性征的肾气禀受父母之精而来，但在出生之后的一段时间内并无表现，相对于心、肝、脾、肺等脏腑功能，实在是“迟到”矣，直到“二七”天癸至，下部脉道通畅，肾气鼓动充实的太冲脉，方有“月事以时下”的生理现象出现，此乃“肾足最迟”；女子经过经、孕、产、乳阶段或屡患疾病，致体虚，肾气耗损，待40岁左右肾气逐渐减弱，面部、头发、肌肤均已明显看出肾气不足之征，待50岁左右肾气衰退，而此时人体其他脏腑依然发挥着各自的功能，此为“肾衰最早”；由“肾衰最早”之观点，柴松岩强调在女性生命进程中，需了解肾气旺、衰之规律，注重时时维护肾气，补益肾气，维持女性阴阳气血之平衡，维持月经生理与生殖机能正常。由此对女性而言，“肾最需护”。

（三）五脏六腑功能正常、关系协调，乃阴血充盛所需之大环境。仍以“杯中之水”为喻。水杯不会自动有水，杯中之水一定来自水杯外部。与有余之血紧密相关之外部机体环境，即心、肝、脾、肺、肾诸脏与其他各腑。心属火，为阳中之阳脏，心病则以身之血脉功能受影响；肾属水，为阴中之阴脏。心肾相交，水火互济，女性生理得以维持正常；肺主气，心主血，气血相互为用，才能循环运行不息。肺朝百脉，与肾“金水相生”；肾为先天之本，主藏五脏之精气，脾乃后天之源，输水谷之精微以养五脏。人之生命活动之维持，赖先后二天之合作。脾又统血，脾之功能失调，则化生和统摄阴血的功能失调；肝藏血，肝之疏泄功能对血的布散发挥着作用，与脾统血功能相制相承。肝为刚脏，属木，体阴而用阳，肝木需要肾水的涵养，若肾水不足，水不涵木，则“肝无所索则急”，影响藏血之功能。因此，五脏六腑功能正常，精血充盛，其有余之血注入血海（冲脉），冲脉有济而“月事以时下”。五脏六腑功能失常，精血不盛，无有余之血下注血海，“冲脉无所济则无所溢”而致闭经。

基于“杯中之水”理论，柴松岩治疗月经病，强调注重女性阴血、肾气及五脏功能诸环节的问题。基于“肾之四最”理论，柴松岩提出了对女人之症（与女性生理相关的疾病）的总体治疗原则，即不同的年龄阶段之女性，因生理状态不同，同一疾病证候反映之病理改变不同，辨证的同时一定要充分考虑到女性不同时期的不同特点，组方用药应具有针对性。

（一）女子“一七”为女子生长发育初期，肾气尚未充实，易受其他因素干扰，此阶段宜保护肾气，养益冲任，最忌兴阳。禽类、虾皮、海米、羊肉等食品，性温热，有兴阳之弊，柴松岩主张少年女童慎用。柴胡味微苦，性平，禀少阳生发之气。“其气于时为春，于五行为木”（张锡纯《医学衷中参西录》）。因而有升阳之性，可起动肾阳，致相火妄动，柴松岩主张在此年龄阶段一定慎用柴胡及相关制剂。小儿属稚阴稚阳之体，肾阴尚未充盛，肾气过早充盈，气旺化火，肾阴又相对不足，无力制约，相火偏亢。过早启动肾阳，违背了正常的生理状态，就会出现小儿性发育过早，从而影响其骨骼、身心等方面的正常发育。对于8岁以前女童过早出现乳房发育，柴松岩善用下述经验方辨治：寒水石10g，泽泻5g，白芍5g，墨旱莲6g，莲子心2g，余药随症加减。此方主药为寒水石。寒水石为阳明经药，味咸，寒凉之品，走下入肾，清泻相火。此时为小儿相火妄动，寒水石量可稍大、可多用一段时间。如遇出血，忌用三七粉、仙鹤草、侧柏炭、黄芩炭等品止血，宜用大蓟、小蓟，单纯止血而无敛无补之性。10 岁以上之女童则慎用寒水石，如已见女童有正常月经，此时血海沸，药性太过可能会干扰正常的生理历程。故即或用寒水石，量也宜少，或不用，或短期用，急则治其标，血净则止。

（二）女子“二七”至“五七”之间，逐渐为生理、生育旺盛期。这一时期的女性易过度劳役，大汗出、久视、熬夜或房劳过度，耗伤肾阴，应从肾的角度考虑病机，主张在此阶段应注意保养阴血，顾护肾气，补益肾阴，调理冲任。常药用桑寄生、川续断、杜仲、菟丝子、女贞子、枸杞子、熟地黄、何首乌、当归、阿胶珠等滋肾养血；或药用北沙参、百合、麦冬等补肺金，启肾水，养阴增液；或药用太子参、茯苓、山药、白术等健脾益气，化生气血。

（三）女子“七七”之后已至中年，此阶段女性“肾气衰，天癸竭……形坏而无子也”。此时女子肾阴匮乏，柴松岩强调在注意肾阴不足的同时，还会因水亏不能上制心火而出现心肾不交的病理改变。这时患者会出现五心烦热、失眠多梦等病症，此时组方在补肾养血基础上还应考虑交通心肾，清泻虚火，常用药物如女贞子、墨旱莲、莲子心、浮小麦、远志、百合、合欢皮、地骨皮、川黄柏等。此阶段女性切记要避免损伤肾气、阴血，不可妄用破血、通利及辛散之品。

柴松岩“肾之四最”学术思想之形成，有其理论渊源。中医文献史料有“肾之三最”之文字记载，首见于清代沈又彭的《沈氏女科辑要》“经水”一节。沈氏引《素问·上古天真论》“二七而天癸至，任脉通，太冲脉盛，月事以时下”经文后加按，继有王孟英再按，曰：

“……盖人身五脏，惟肾生最先，肾足最迟，肾衰独早。”当代名医何时希《女科一知集》中亦引用了“肾之三最”的观点，其引《素问·上古天真论》之经文“其有年已老而有子者，此其气脉常通，而肾气有余也，此虽有子，男不过尽八八，女不过尽七七”加按曰：“……故明人易思兰曾谓：肾生最先（先天之本，常先身生），肾足最迟（谓男子二八，女子二七），肾衰最早（谓男子八八，女子七七）。”由于《沈氏女科辑要》以沈氏辑录历代医家论述，继之加按阐发，王氏再按，最后附医案和方药之体例写成，其中观点出于何处今难考证。参何氏《女科一知集》的记载，可以推测，明代医家易思兰最早提出“肾之三最”之观点较为可信。史料载，易思兰，名大艮，明代江西抚州（今临川县）人，约生活于1510～1590年。易氏治病经验丰富，善于脉诊，治病“以开郁为先务”。惜易氏无著书存留，仅医案数则传于后世，其学术思想今亦无从考证。除王氏、何氏之外，史料鲜有医家对“肾之三最”观点再以阐述及发挥。柴松岩“肾之四最”理论源于古人，并据此提出针对不同年龄阶段女性疾病的治疗原则，完善、丰富了古人观点，是对中医学“肾为先天之本”学说的深入阐述和发展。

20 世纪 80～90 年代，继“肾之四最”学说之后，柴松岩又先后提出“二阳致病”、“补肺启肾”等重要的中医妇科理论学说。

柴松岩经多年临床实践发现，女子便秘与闭经关系密切。《素问·阴阳别论》云：“二阳之病发心脾，有不得隐曲，女子不月……”明代马莳、万全等人观点认为，女子情志抑郁，心气不舒，累及脾胃，脾胃功能失常，气血后天化源不足则致闭经。如清代萧埙《女科经纶·卷一·月经门》载马莳注此经文：“二阳，足阳明胃脉也。为仓廪之官，主纳水谷，乃不能纳受者何也？此由心脾所发耳。正以女子有不得隐曲之事，郁之于心，故心不能生血，血不能养脾，始焉胃有所受，脾不能运化，而继则渐不能受纳，故胃病发于心脾也。由是水谷衰少，无以化精微之气，则血脉遂枯，月事不能时下矣。”明代万全《万氏妇人科》道：“夫二阳者，手足阳明胃大肠也。惟忧愁思虑则伤心，心气受伤，脾气失养，郁结不通，腐化不行，胃虽能受，而所谓长养灌溉流行者，皆失其令矣。故脾胃虚弱，饮食减少，气日渐耗，血日渐少，斯有血枯、血闭及血少、色淡、过期始行、数月一行之病。”

清代何松庵、浦天球认为，胃肠功能异常，影响心脾而气血不足致闭经。如二人著《女科正宗》曰：“盖二阳指阳明胃经与大肠经也，此二经，乃水谷传化之地，而心与脾全赖之。盖胃之下口，通于小肠上口，胃不病而小肠传化，则心气流通而邪不归心；大肠不病而传化，则饮食运行而脾不劳力。今二阳既病，则传化不行，心脾安能不病？故曰病发心脾，则气血不充。”

柴松岩认为，二阳之病可致月经病。胃主受纳，大肠主传导，二者功能正常，饮食水谷化生为气血，下注冲任血海，月事以时下。阳明经乃多气多血之经，胃与大肠功能失调，气血乏源，虚则血气俱亏，冲任虚损，无余以下注血海，实则浊热积聚，久而溢入血分（因冲为血海，隶属阳明故也），血海伏热可灼伤津液而致经少、闭经甚或不孕，可壅遏气血而致经行腹痛及经前头痛、身痛诸症，可迫血下行而致先期、量多甚至崩漏不止。二阳之病浊热积聚而便秘，热伤阴血，阴血受伤心血无力补脾胃，再致脾不运化，二阳积热进一步加深而成恶性循环。

20 世纪 80 年代，柴松岩曾就 200 例月经病患者进行调查，发现其中 65.38％者存在饮食、大便之异常改变。患者中纳呆者 21.25％，消谷善饥者15.64%，大便秘结者45.23%，大便溏薄者8.39%。依据“二阳致病”理论，柴松岩临证闭经之问诊，每每强调询问患者饮食、大便的情况，参考舌脉辨胃肠之虚实。柴松岩观点，见闭经之症一味养阴或活血通经，若血海本虚，通亦无用，反伤阴血。若本有湿热，却再滋阴，更会留邪。若症见纳呆、乏力、大便溏薄、舌肥嫩，脉沉细，辨为脾胃虚弱之证，治以健脾益气、调理冲任，常用太子参、云苓、山药、冬瓜皮、白术等；若症见消谷善饥、口臭、大便干或黏滞不爽、舌苔黄厚腻、脉滑数，则为胃肠郁热之证，治以清胃化浊、通腑调经，药用川黄连、生麦芽、茵陈、焦三仙、全瓜蒌、砂仁、熟大黄、知母等。

柴松岩亦在临床中发现，“二阳之病”不仅导致闭经，还可引起或加重阴道出血性疾病。对于长期阴道不规则出血者，柴松岩问诊亦注意患者大便情况。大便秘结腹气不通，日久生热，浊热溢入血分，血海浮动，血溢脉外则致阴道出血不止。阴血同源，长期阴道出血，血亏则阴不足，又致肠枯便秘。因此便秘与血海浮动互为因果，均可破坏其内在之阴阳平衡致病。血溢肠益枯，肠枯血益动。

对于出血同时便秘者，柴松岩喜用全瓜蒌入药。瓜蒌入肺、胃、大肠经，甘寒润降，导浊下行。上能清肺胃之热而涤痰导滞，下能润大肠以通便，且利气宽胸，散结消肿而不伤及阴血。临床少则用20g，多则用30g。青少年阴血旺盛，阴道不规则出血合并便秘者可用熟大黄。熟大黄导秘结通瘀血，导胃肠之热，临床用量8～10g，用多用少皆不宜。不可用酒大黄，酒入血分，恐其动血而有加重出血症状之弊。

“补肺启肾”，从肺而治，是柴松岩辨证治疗妇科疾病如闭经、不孕症的又一学术思想。柴松岩认为，妇女经之来源、胎之营养及得载、带之固摄、产之顺逆均与肺气有关。肺主一身之气，气机调畅则血行正常，各脏腑功能如常；血之生化与肺气调节息息相关，女子以血为本，血源于水谷精微，上达于肺，才能化赤为血；肺为肾之母脏，金生水，金充则水足，肺气清肃下行，可保肾阴而助肾水。柴松岩“补肺启肾”代表药物为北沙参。北沙参味甘、微苦，性微寒，归肺、胃经，体轻、质润，可升可降。清代严洁、施雯、洪炜同纂之《得配本草》曰北沙参有“补阴以制阳，清金以滋水”之效，柴松岩用之临床治疗经血，收到很好效果。

“肾之四最”、“二阳致病”、“补肺启肾”等中医妇科学术观点，构成了柴松岩中医妇科学术思想的核心内容。这些理论无不脱胎于古人辨证论治女性疾病的理论学说，却不乏对前人观点的总结、发挥与发展。

效如桴鼓　沉疴覆杯而愈

因学术主旨不同而最终形成不同的中医学流派，是中医学发展史中极为突出的医学现象，比如有著名的伤寒学派与温病学派。成名后，常有人问及柴松岩学术派别的问题，柴松岩道："我是临床实用派"。柴松岩做这样的阐述：明代王纶《明医杂著·医论》云："外感法仲景，内伤法东垣，热病用河间，杂病用丹溪，一以贯之，斯之大全矣。"明代李中梓《医宗必读·医论》则云："不善学者，师仲景而过，则偏于峻重；师守真而过，则偏于苦寒；师东垣而过，则偏于升补；师丹溪而过，则偏于清降。"如何理解中医学流派之争，不为此是彼非之见。柴松岩认为流派之间非相互对立、割裂，而是相互渗透、补充，并相互继承。各学派观点、治则或独到，亦未免有偏颇。学者、用者以兼收并蓄之态，从临床疗效出发，用其长而化其偏，乃为“善学”。无论何派别，“治病必求其本”的辨证思维方法一致，只要方与证合，便不可拘泥，拿来使用，是为“实用”。“效如桴鼓，覆杯而愈，乃夸张之辞，那仅是我对疗效境界的追求”。的确，临证顽疾，每每柴松岩博采众家学说，常遇柳暗花明之效。

案例一：2004 年 6 月初的一天，一位年方 30 仍无自主月经、婚后两年未孕的患者找到柴松岩求治。望、闻、问、切之后，柴松岩辨证：观患者目前证候，形体略胖，舌苔黄腻，脉细滑，湿浊壅滞之征明显。明代程充校订《丹溪心法》有“躯脂满经闭”之说，清代吴道源《女科切要》云“肥白妇人，经闭而不通者，必是痰湿与脂膜壅塞之故”。湿热壅阻胞脉，脉络不畅，致月经不潮；年逾二七，月事不来，现脉细滑并时感腰酸，提示肾气不足，血海亏虚。查患者乳房及内外生殖器发育正常，说明先天肾气尚未亏损至极，如能利湿化浊，调理得当，原发闭经之症或仍有治疗希望。此案辨证为湿浊壅滞，肾气不足，血海亏损，首以利湿浊、补肝肾、益精血之法治之。柴松岩拟方：旋覆花 10g，姜半夏 5g，茵陈 12g，荷叶 12g，桃仁 10g，月季花 6g，玫瑰花 5g，菟丝子 20g，竹叶 10g，桑寄生 20g，益母草 10g，百合 15g。14 副，水煎服。此方以旋覆花为君，化痰、行水、降气；以半夏、茵陈、荷叶为臣，配合君药利湿化浊；以菟丝子、桑寄生、桃仁、益母草、月季花、玫瑰花、竹叶、百合共为佐，菟丝子、桑寄生补肝肾、益精血；桃仁、益母草活血化瘀，通利痰浊所致之瘀滞；月季花、玫瑰花疏解肝气，肝主疏泄，肝气调达则气血调和；湿浊瘀滞日久化热，药用竹叶清热利尿渗湿；患者原发闭经，婚后多年未孕，精神紧张，有肝郁之征，故用百合养心安神、缓急迫。全方重在利湿化浊，先驱伏邪，佐温肾活血，以观后效。

患者服首诊方两周后，舌苔由黄腻转为白腻，郁热之象得到缓解。苔白腻，提示湿浊犹在；舌肥暗淡，为脾虚之征。二诊方施健脾利湿，补肾活血之法治疗。药用茯苓、冬瓜皮、车前子、萆薢健脾利湿，淫羊藿、菟丝子、熟地黄补肾养阴，当归、桃仁、路路通活血通经，远志交通心肾，夏枯草疏肝清热，鸡内金化浊导滞。又至一月后，患者惴惴而来，诉近日阴道现少量出血，已持续 3 天，疑月经来潮。柴松岩观经前基础体温测试图，确有不典型双相，暗忖：患者目前状况也仅证实此前辨证方向正确，多年顽疾之愈，仍路途遥远。以后两个月，柴松岩随症调整方药，继续以理气化浊，活血通经之法为主，改善冲任二脉壅塞之征。期间，患者均有不规律月经来潮。至五诊，患者舌苔干，脉细，提示胃阴不足，转以养胃阴、清浊热、固冲任之法治疗。

2004 年 9 月，患者再诊，诉近日时感乏力，并有厌食、短暂恶心现象。柴松岩观脉、症后，嘱其做尿妊娠试验，结果阳性，证实已怀孕。患者喜极而泣。随后进行保胎治疗。孕至 56 天时，舌质肥而暗，苔干少津，脉沉细滑无力，提示有瘀，气血运行不畅，药用活血之品，当行活血治疗。然此时为患者孕育初始，冲任不固，活血化瘀恐有伤胎气之患；否则瘀滞加重，血行不畅，胞脉失养，亦可有胎失濡养、胎元不固之忧。此时，柴松岩认为：该患者的瘀滞演变尚需过程，若此时活血化瘀，动血伤胎则可能祸不旋踵。综合本案病情，利弊权衡，当前的首要任务应舍证（瘀滞）求本（安胎），固摄胎元，伺机而行化瘀之法，同时应予养阴清热之法治疗。柴松岩再言，此时之养阴，亦不宜补肾阴，只可养胃阴、养心脾之阴。养肾阴之品若用熟地黄、枸杞子、女贞子、山茱萸多滋腻、酸敛、助湿。患者本已湿浊壅滞，不可用上品补肾阴，否则会加重脉络瘀阻之状。柴松岩拟处方：柴胡 5g，荷叶 12g，百合 12g，地骨皮 10g，菟丝子 20g，黄芩 10g，墨旱莲 12g，浮小麦 20g，椿皮 10g，莲子心 3g，玉竹 10g，芦根 10g。7 副，水煎服。此方以菟丝子、墨旱莲为君，补肾固冲安胎；以浮小麦、玉竹、芦根、百合为臣，玉竹、芦根养胃阴，清胃热；浮小麦、百合养心安神，缓急迫；以柴胡、荷叶、地骨皮、黄芩、椿皮、莲子心为佐，行清热安胎之功。孕至 10 周，患者右脉沉细无力，提示血海亏虚。柴松岩分析，患者原发无月经，即因血海未充，不能满溢而致。治疗后，血海渐盈，在温肾助阳药力作用下，偶可排卵受孕，但孕后仍可因血海不足而导致胎元不固。现右脉弱，提示肾阴亏虚，以补肾固胎为法，药用覆盆子、墨旱莲。

对于固肾药的选择，柴松岩经验：锁阳、桑螵蛸、覆盆子、补骨脂均有固性，但此时温热药如锁阳、补骨脂不宜用，因为患者本就血海不足，温热之品更耗伤阴液。保胎治疗期间，患者产前检查均提示胎儿发育正常，血压平稳。2005年5月，患者喜得贵子，母子安康。

柴松岩总结本案治疗经验认为：本案原发闭经，湿浊壅滞与肾气不足，虚实二证兼而有之。湿浊壅滞是导致患者闭经之主要病机，治疗应首先利湿化浊，湿浊去，脉络通，再考虑养阴活血。

对已辨证为湿浊壅滞之闭经，症见舌苔白腻者，虽为调经，若湿浊未去，便先以滋腻之品如熟地黄、女贞子、山茱萸等品养阴，则会加重湿邪壅阻，结果适得其反，更加影响气血运行。此时应先行祛湿之法，可用莱菔子、车前子、白扁豆、佩兰，辅以理气药如乌药、枳壳、大腹皮。柴松岩祛湿化浊之法常有以下途径：

（一）提肺气散湿浊之法：肺主气，司呼吸，通调水道，下输膀胱，故可通过开提肺气通调水道而散湿。此法常用药物如桔梗、川贝母、桑白皮、百部等。此类药物有开提肺气，宣肺祛痰，泻肺行水，润肺下气之功。

（二）健脾利湿之法：脾位于中焦，为阴土，其性喜燥而恶湿。脾主运化，脾失健运，可致水湿潴留。此法常用药物如茯苓、白术、冬瓜皮、荷叶、砂仁等。

（三）清热利湿之法：对于湿浊壅滞，郁而化热者，习用车前子、萆薢、猪苓、茵陈、泽泻等药清热利湿。

案例二：2006年11月，一位痛经3年的未婚女性找到柴松岩求治。患者自诉既往月经周期规律，一月一行，初无明显经期腹痛，月经中期腹痛4～5天，伴肛门下坠感。3年前曾行B超检查，子宫增大，诊断为子宫肌腺瘤。后经西药治疗未愈。现纳可，眠佳，二便调。舌质嫩色暗，脉细滑。柴松岩辨证，此证属中医癥瘕。患者舌质嫩，乃素体气虚之征。气为血之帅，气虚血运无力，血行迟滞，久而成瘀，积聚日久而成包块，故B超所见子宫异常增大，并见多个增生结节；瘀阻脉络不通则痛，故见腹痛；舌质色暗，脉细滑亦是血瘀之征。辨证为气虚血瘀。柴松岩指出，对于此类病症，期待通过以中药治疗而消减异位之肿块，实为困难，亦不现实。控制病情是治疗的基本出发点，考虑患者现月经期刚过，暂以益气养血、化瘀清热散结之法治之，以控制、减缓，甚或改善子宫局部情况。

柴松岩首诊方：生牡蛎20g，阿胶珠12g，太子参12g，炒白芍10g，荷叶10g，远志6g，茜草炭12g，杜仲10g，莲子心3g，炒蒲黄10g，延胡索10g，萆薢12g，鱼腥草10g，寒水石 10g，三七粉 3g。14 副，水煎服。方中以太子参、阿胶珠为君益气养血。以茜草炭、炒蒲黄、三七粉、延胡索、炒白芍、杜仲为臣。茜草炭、炒蒲黄、三七粉、延胡索活血化瘀；杜仲补肝肾、顾护冲任；白芍补血敛阴。患者血瘀日久，郁而化热，寒水石、莲子心、鱼腥草清下焦瘀热，萆薢清下焦湿热，荷叶清热化浊；远志安神、交通心肾；生牡蛎软坚散结，并佐制化瘀药活血太过，影响月经周期。全方益气、化瘀、清热、散结并举，标本同治。

服药两月后患者 B 超复查，子宫较前缩小。服药 5 个月后，随治疗进程，患者月经中期腹痛逐渐减轻至缓解，多次 B 超复查提示子宫进行性缩小。以现代医学角度言，子宫肌腺瘤可经子宫切除术根治，对 50 岁以上或已绝经者亦可行双卵巢切除。现患者 21 岁，年轻未婚，从其长远生活质量考虑，手术治疗显然不适。

虽患者迫切期望采用中医药治疗以控制病情，为今后生育打下基础，但据目前中医妇科临床经验来看，根治的可能性不大。柴松岩认为，本案治疗之最终目的在于抑制异位之内膜生长，故用药宜选具敛性、寒性、固性之品为原则，用药时机则宜选择经后期，以免加重局部症状。治疗子宫肌腺瘤同时，亦应兼顾顾护冲任，药用女贞子、墨旱莲、杜仲等补肝肾之品，维护正常之月经周期。

柴松岩本案用药特色予人启示。根据辨证，患者属气虚血瘀，首诊处方当以益气养血为主，佐活血化瘀之法论治。然柴松岩自拟方同时佐清热之法，用意在于，患者虽现无热象，然瘀久或可化热，热伤阴血，将致月经不调。故以“治未病”理念出发，方中佐生牡蛎、寒水石、荷叶、远志、莲子心、萆薢、鱼腥草等清热之品。本案多次药用太子参健脾益气、寒水石清热泻火，亦匠心独运。太子参为补气药中唯一清补之品，既能益气，又可养阴、清热，对气虚血瘀，瘀久化热之病机用之最宜。本案用之，补而不燥，一举两得；寒水石辛、咸、寒，归心、肾、胃经，有清热泻火功效，清代张璐《本经逢原》云："寒水石，治心肾积热之上药。本经治腹中积聚，咸能软坚也。"

柴松岩经验，寒水石亦可清血海瘀热，或有牵制肾气活跃，减弱充盛之冲气，从而减少内膜增生，改善异位内膜增长之功效。本案柴松岩分别独用或配合使用三七粉、茜草炭、炒蒲黄、花蕊石，活血化瘀，诸药均为化瘀止血之品，具血止而不留瘀之性，同治瘀血阻滞，血不归经之各种出血症。子宫肌腺瘤发病机理为子宫内膜异位到子宫肌层，随月经周期变化，周期性在子宫肌壁间出血瘀积而成。据此病机，柴松岩以上述诸药化瘀止血，控制或减缓瘀积结块的形成。上述诸药使用同时，常佐白芍、乌梅、五味子，以其酸敛之性佐制化瘀过甚，又恐酸敛之品佐制过度，影响气血运行，再用桔梗宣通肺气，调理气机。如此配伍，环环相扣，化瘀而不致出血而变生他病，患者在治疗旧病同时，得月经如常。

案例三：2002 年 7 月，一位阴道不规则出血近六年的已婚女性找到柴松岩求治。患者诉：既往月经周期规律，30 天一行，带经六七天，量多。近 5～6 年来无诱因月经紊乱，15～36 天一行，持续 10～20 天，量多。2002 年 5 月行诊刮术，病理为“子宫内膜腺瘤样增生”，后未进行系统治疗。末次月经量多，至今淋漓不尽，伴燥热，手足心热，纳可，眠佳，二便调。舌质红，苔薄黄，面色苍白，脉细滑稍数。此证属中医崩漏。柴松岩辨证：清代唐宗海《血证论》言“血与火原本一家”、“血病即火病，泻火即止血”，无非言“人莫不谓火盛动血也”（清代傅山《傅青主女科》）。

本案患者月经周期紊乱，带经日久，伴手

足心热，舌红，苔薄黄，脉细滑稍数，种种症状均系热证之象。热可由素体阳盛血热、感受热邪、七情内伤肝郁化热、阴虚生内热等多种病因而致。此案患者既往月经量多，长期慢性失血，呈阴血亏损状态。经曰“阴虚阳搏谓之崩”，阳主气主火，阴本涵阳，若阴不足，唯阳独盛，将迫血妄行而成崩中。患者病史6年，反复发作之出血，可致血虚，气随血脱，故见面色苍白；阴虚生内热，故表现为燥热、手足心热；舌红，苔薄黄，脉细滑稍数亦为热盛阴虚之征，故辨证为热扰冲任，血海不安。根据治崩三法——“塞流、澄源、复旧”之原则，当急以清热固冲止血之法“塞流”，治其标。

柴松岩拟方：生牡蛎30g，寒水石10g，黄芩10g，茅根30g，莲子心3g，藕节30g，川贝母10g，川黄柏10g，益母草10g，牡丹皮10g，柴胡5g，大小蓟各20g。7副，水煎服。本方以生牡蛎为君，收敛固涩，固冲止血，软坚散结。藕节、大小蓟、柴胡共为臣药，藕节收涩止血，兼能化瘀，辅助君药止血而不留邪；大小蓟性凉清热凉血止血，苦泄破血消肿，兼有甘味，清代汪昂《本草备要》有“行而带补”之说，实有祛瘀生新之功；柴胡升提举陷，辅助君药固冲止血。寒水石、黄芩、茅根、莲子心、川贝母、川黄柏、益母草、牡丹皮同为佐药。寒水石、黄芩、茅根、莲子心、川黄柏、牡丹皮各药辅佐君药清热、泄火、凉血、止血；川贝母散结、收敛、固涩；益母草利水消肿，可活血祛瘀，减缓内膜增生。全方各药软坚散结，亦固冲止血，化瘀消肿，对改善内膜异常增生有缓解作用。

服首诊药后两日，患者阴道出血净。二诊时舌红改善，苔黄消失。治疗继用生牡蛎收涩固冲，而减少清热止血药的使用，转以“澄源”之法。所谓“澄源”，即正本清源，亦是求因治本。热扰冲任，迫血妄行而致出血为标，长期失血，阴血不足，阴虚生内热，阴虚为本。故患者出血减缓后，当用墨旱莲、北沙参、百合养阴清热，治其本。

以后3个月，患者未见阴道不规则出血。此时在“澄源”得效之时，柴松岩乘势施以“复旧”之法治疗。考虑患者就诊不便，根据经前、经后不同生理特点，分别开二方。经前方：生牡蛎12g，白芍10g，益母草10g，川芎5g，石斛10g，熟地黄10g，阿胶20g，当归10g，茜草炭10g，车前子10，地骨皮10，枳壳10g。10副，水煎服。此方药用白芍、石斛、熟地黄、阿胶、当归重养阴血。考虑患者有子宫内膜腺瘤样增生病史，目前B超子宫内膜0.9cm，内膜偏厚，佐生牡蛎固冲收涩，同时软坚散结；佐益母草、茜草炭化瘀止血；佐车前子利水消肿，以改善异常增生之内膜；佐枳壳制补养阴血之品过于滋腻壅滞。经后方：生牡蛎20g，墨旱莲12g，北沙参20g，玉竹10g，地骨皮

10g，熟地黄 10g，寒水石 10g，合欢皮 10g，土茯苓 20g，女贞子 20g，覆盆子 12g，三七粉 3g。10 副，水煎服。经后方继续养阴，但在养阴药选择上与经前方不同，即侧重选择补阴并具清热功效之品，如北沙参、玉竹、生地黄、墨旱莲、女贞子等。同时加用寒水石、土茯苓以清热泻火利湿，三七粉化瘀止血消肿，覆盆子收敛固涩同时补益肝肾。一年后随访，患者诉近半年月经恢复正常，经量中等，做经前基础体温测试均有不典型双相，表明为排卵性月经。

柴松岩认为，治崩三法——“塞流”、“澄源”、“复旧”非治疗崩漏的三种具体方法，而是针对病情的不同阶段所采取的三个治疗步骤。临证时，同是出血，病症不同，病机不同，应依据症、舌、脉之变化不同，灵活辨证，调整治则。

（一）塞流当分轻重、缓急：“暴崩多虚，

久漏多瘀”。经血非时而下之际，多为肾失封藏、脾失统摄而气不摄血，不仅可使气血骤虚而正气耗损，甚则每有气随血脱、阳随阴亡之虞，若见突然出血量多，法当固冲摄血、收敛止血，以迅速止血或控制出血，常药用生牡蛎、侧柏炭、大蓟、小蓟、仙鹤草等；若属久漏量少、淋漓不净，则每多兼有瘀血，所谓“瘀血不去，新血不能归经”，可在辨证用药基础上，加用茜草炭、益母草、炒蒲黄、三七粉等。此亦所谓“急则治其标”。

（二）澄源当辨寒、热、虚、实：《内经》有“阴虚阳搏谓之崩”之说，明代医家张景岳则有“血动之由，惟火惟气”之论，血热妄行和气虚不摄是崩漏等出血性病证的主要病机。崩漏之因尚有阴虚内热、瘀血内阻、湿热蕴结、肝郁化火，或以上数端相互兼夹者。临证当详辨其属寒、属热，是虚、是实，抑或寒热错杂、虚实互见，据证施治，“有是证用是药”，此所谓“缓则治其本”。属阴虚内热者，治以养阴清热，常用药物如女贞子、墨旱莲、地骨皮、栀子、白芍、枸杞子、侧柏炭、大蓟、小蓟等，以滋阴凉血、止血调经；属瘀血内阻者，治以化瘀止血，常用药物如郁金、月季花、桃仁、苏木、茜草炭、益母草、炒蒲黄、当归等，以祛瘀止血调经；属湿热蕴结者，治以清热利湿、固冲调经，常用药物如荷叶、川黄连、莲须、椿皮、茵陈、白扁豆等；属肝郁化火者，治以清肝解郁、止血调经，常用药物如柴胡、夏枯草、川楝子、黄柏、玫瑰花等；属气虚不固者，治以益气摄血、止血调经，常用药物如生黄芪、太子参、白术、山药等；属以上诸证相互兼夹者，则宜合法合方、灵活化裁以治。

（三）复旧重在补肾、调肝、益脾，调补冲任气血：肾主封藏、为月经之本，肝藏血、主疏泄，二者主持并调节冲任、胞宫之蓄溢开阖；脾为气血生化之源，主统摄冲任气血。故复旧多以补肾、调肝、健脾，调补冲任气血之法，因宜选方，随证加减。对于子宫内膜增殖症引起阴道异常出血的治疗，止血同时，亦需不忘软坚散结，利水消肿，活血化瘀。唯此，可期减缓子宫内膜异常增生，改善局部病变。

类似上述之医案，在柴松岩学术思想成熟以后经治的疑难杂症中并非鲜见。探究沉疴之愈之后的深层原因，不难发现，柴松岩之学术思想及临床经验，无不在以历代各家学派之说为思想渊源。也正因为如此，柴松岩中医妇科临证经验便有了鲜明的实用风格。

东隅虽逝　桑榆无限美好

时光荏苒。至21世纪，辛劳一生，已进入耄耋之年的柴松岩，依旧那般身体健康，精神矍铄，充满朝气。见其状，众人索养生保健之秘诀，柴松岩笑曰："长寿的秘诀古人早已告诉我们，那就是百病皆由气生"。（《素问·举痛论》）暮年柴松岩恬淡、豁达、祥和，遇喜、怒、悲、恐、惊则安然处之。晚年之中，柴松岩除仍坚持一周数诊外，就是带带学生，很少参加社会活动，过着大隐隐于市的安静生活。

面对荣誉，柴松岩说："医生这个职业就是为人治病。我不过看病的年头比别人长一些，'悟'的东西多一点罢了。贡献是有的，但盛名之下，其实难副。我感激国家的政策好，没有盛世，不可能有我今天的作为。感恩前辈和同道，中医学每一个学术体系的形成，是历代先贤经验的接力，是无数同仁知识的积累。我忝忝于荣誉，因为荣誉其实就是动力。我接受了这个动力，有看病的长处，那就要把应该做的事情都做个明白。医学的进取没有止境，永远会有治不完的新病出现。吾辈虽老矣，仍当尽心尽力，为社会、为后人交上一份合格的答卷”。

和普通人一样，柴松岩一生中也有喜有乐，有苦有悲。面对挫折与坎坷，晚年柴松岩的人生哲学是：“我的一生满足于自己的职业，任何时候不与人攀比，别无所求”，“历史已成历史，就不要再去追究。遭遇不如意，我会自我调节，自我解脱，而进取、追求的勇气更大”，“心地坦荡，怀有仁义之心，不涉及别人的弱点，是我的处事之道”。

20世纪90年代以后，柴松岩开始带徒。柴松岩陆续招收的10位学术继承人，均是由国家安排培养的中医后备人才。柴松岩常常教诲学生："要做一个好医生，最重要的是先学会做人"，"一个好医生要甘于寂寞，但不能甘于平庸"。她以自己的人生格言——"尽我所能，为社会、为他人多做一点事情"与学生共勉。

柴松岩常感慨于时代的不同，今天的学生是幸运的，他们有着可以自由发挥的成长环境，少了当年柴松岩学艺时遇到的坎坎坷坷。

只要努力，他们尽可以在知识的海洋中尽情徜徉。"我既羡慕，又感欣慰！"柴松岩慨言。如今，受名师指引，柴松岩的学生们学有所成，逐渐成长为中医事业的中坚人物。也有许多人慕名至柴松岩处愿意为徒。"外面的徒弟我不收"，柴松岩婉言拒绝道，"因为我是国家培养的，国家安排是第一位的"。

柴松岩喜欢听相声。在她的枕边永远放着

录音机和一摞相声磁带，入睡前听上一小段。“相声给我带来欢乐”。总是伴随着笑声，柴松岩渐入梦乡，迎接又一个明天。

柴松岩喜欢阅读武侠小说。金庸、梁羽生书中的侠光剑影、弃恶扬善，令她忘返。“武侠故事看了大快人心，让我把看不惯的事情忘得一干二净”。曾几何时，柴松岩迷上了纪晓岚，一本《阅微草堂笔记》，几年中读了不下二十几遍。柴松岩的心境随书中故事跌宕，感言：“在书里，虚幻与现实的界限被打破，你看见人生的道理就在现实生活甚至神鬼仙怪的妄谈中演绎而出”。

谈到饮食，柴松岩如是说：“我没有‘洋方’，尽是‘土方’”。随年龄增加，晚年柴松岩一日三餐甚少食肉，亦不食辛辣之物。柴松岩说：“两千多年前孔子告诉我们‘肉虽多，不使胜食气’（《论语·乡党篇》），就是提倡肉类虽多亦不可食肉过于食谷。油甘厚味滋腻，多食脾不运化，水湿内停，就有疾病发生的可能；阴血不足是女性大忌，辛辣之品伤阴，内外因结合，正常生理就可能转向病理。”如果条件允许，柴松岩建议可多食海鲜，并推崇海参。海参色黑，味甘、咸，性平，入肾、肺经。我国关于海参的记载可上溯于三国时期（吴沈莹《临海水土异物志》），之后很长一段时间内鲜有文字记载。直至元、明、清时期，海参的食用及药用价值渐被挖掘。明代谢肇淛撰《五杂俎》曰海参“其性温补，足敌人参，故曰海参”，清代王士雄撰《随息居饮食谱》指出海参的药用价值：“滋阴，补血，健阳，润燥，调经，养胎，利产”。现代研究表明，海参具有提高记忆力、延缓性腺衰老、防止动脉硬化、糖尿病以及抗肿瘤等多种药用价值。海参可爆炒、红烧、入汤等方法食用，柴松岩则常以海参煮粥。先将海参煮烂，细切，入米，调味。长期食用此粥，可有温下元，滋肾补阴及益精、养血之功效，柴松岩此为经验之谈。

“我不用保健品”，柴松岩说，“调理阴阳、阴平阳秘，药食同源、寓医于食，审因施食、辨证用膳……这些老祖宗留下的教条，就是我的健康观、食疗观、膳食观。”

有的人过中年后常叹：“气不足，事情做多了总有力不从心之感……”柴松岩爽答：“睡觉啊！”顺四时节律，起居有常，“阳气尽则卧，阴气尽则寐”（《黄帝内经》），依然在祖先那里找到了答案。

这就是晚年的柴松岩，热爱生活，有情、有义，有着与普通人一样的内心情怀，却又保持着古老而传统的中医养生之道。

（撰稿人　滕秀香）

《中华中医昆仑》丛书 150 位医家名录

（按生年排序）

张锡纯	丁甘仁	萧龙友	王朴诚	恽铁樵
曹炳章	冉雪峰	谢　观	施今墨	汪逢春
孔伯华	黄竹斋	吴佩衡	蒲辅周	陈邦贤
李翰卿	李斯炽	姚国美	陆渊雷	张泽生
时逸人	张梦侬	叶橘泉	王聘贤	陈慎吾
邹云翔	赵炳南	承淡安	余无言	刘惠民
岳美中	沈仲圭	秦伯未	赵锡武	韦文贵
程门雪	黄文东	赵心波	董廷瑶	吴考槃
章次公	石筱山	陆南山	张赞臣	李聪甫
刘绍武	陈存仁	朱仁康	陆瘦燕	姜春华
韩百灵	高仲山	李克绍	王鹏飞	刘春圃
金寿山	哈荔田	何世英	周凤梧	干祖望
关幼波	王为兰	任应秋	罗元恺	祝谌予
杨医亚	郭士魁	何时希	耿鉴庭	俞慎初

裘沛然	顾伯华	江育仁	邓铁涛	门纯德
刘渡舟	尚天裕	朱良春	李玉奇	程士德
尚志钧	赵绍琴	董建华	米伯让	李辅仁
张珍玉	班秀文	颜正华	于己百	颜德馨
路志正	方药中	王乐匋	黄星垣	谢海洲
余桂清	何　任	王子瑜	程莘农	陈彤云
焦树德	张作舟	张　琪	李寿山	张镜人
王绵之	方和谦	印会河	王玉川	蔡小荪
李振华	马继兴	王嘉麟	宋祚民	刘弼臣
王雪苔	刘志明	吴咸中	李今庸	任继学
裴学义	王宝恩	周霭祥	贺普仁	唐由之
赵冠英	许润三	金世元	陆广莘	刘柏龄
徐景藩	吉良晨	吴定寰	沈自尹	王孝涛
张灿玾	周仲瑛	强巴赤列	张代钊	李经纬
郭维淮	柴松岩	苏荣扎布	陈可冀	李济仁
夏桂成	郭子光	巴黑·玉素甫	张学文	陈介甫